Dieses Buch gehört

JULIA

In neuer Rechtschreibung

1. Auflage 2007
© Edition Bücherbär im Arena Verlag GmbH, Würzburg 2007
Alle Rechte vorbehalten
Einband- und Innenillustrationen von Uli Waas
Gesamtherstellung: Westermann Druck Zwickau GmbH
ISBN 978-3-401-08931-7

www.arena-verlag.de

Maja von Vogel / Uli Waas

Die kleine Elfe und das Vollmondfest

Die kleine Elfe Nelli  ist stinksauer.

Alle  feiern heute bei

auf der  am  .

Sogar Prinzessin Rosenblatt kommt!

Die würde so gerne einmal sehen.

Aber  darf nicht mit.

„Das ist gemein!", schimpft

und stampft mit dem auf.

„Geh wieder ins ", sagt Elfe Ida .

„Kleine  wie du

dürfen nicht mit auf der feiern."

Missmutig sieht 🐞 zu,

wie sich die anderen 🧚‍♀️🧚

ihre schönsten 👗👗 anziehen

und zum 🏞 schweben.

Nur 🐞 muss allein zurückbleiben.

Sie liegt in ihrem 🛏 aus 🍀

und kann nicht einschlafen.

Da kommt Pünktchen  vorbei.

Er will trösten.

„So ein !", schimpft .

„Ich will auch am  feiern!"

Plötzlich leuchten ihre   auf.

„Und wenn wir doch zum fliegen?",

fragt . „Heimlich?"

 wackelt mit den .

„Das ist viel zu gefährlich, .

 könnte dich sehen.

Weißt du nicht, was mit passiert,

die heimlich bei tanzen?

Sie müssen ihren abgeben!"

überlegt. „Ich weiß was!

Ich verkleide mich als ,

dann erkennen mich die nicht."

 seufzt. „Muss das sein?

Wir könnten doch zählen.

Oder  jagen."

Aber ist fest entschlossen.

Sie holt einen mit roter

und taucht ihre hinein.

„Hilf mir mal!", bittet .

„Na gut", brummt .

Mit einem malt er große

schwarze auf ihre roten 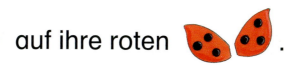.

versteckt ihr langes

unter einer dunklen .

„Nicht schlecht", sagt .

„Fast wie ein echter ."

 schaut stolz in den .

„Auf zum !", ruft sie und saust los.

 und fliegen aufgeregt

durch den dunklen .

„Da ist der !", flüstert .

Zwischen den glitzert das .

„Sieh nur!", haucht .

Sie traut ihren kaum.

So viele schöne

hat ❀ noch nie gesehen!

Alle tragen hübsche 👯

aus 🌸 und haben

glitzernde 🍃 im 👱 .

„Ein !", ruft .

 flitzt sofort los. fliegt hinterher.

Erst fahren sie so oft ,

dass der schwirrt.

Dann reichen sie sich die

und tanzen mit den anderen

auf der im herum.

 tanzt so wild,

dass ihre verrutscht.

Auf einmal fliegt ihr blondes heraus!

 wird ganz blass.

Wenn das die anderen sehen!

versteckt sich hinter

und stopft schnell ihr unter die .

Gerade noch rechtzeitig!

Denn plötzlich taucht

neben und auf.

ist aufgeregt. Ihr  klopft

wie verrückt. Was, wenn sie erkennt?

Dann muss ihren abgeben!

Aber lächelt nur.

„Ihr seid ja zwei süße !

Wollt ihr ein paar ?"

Sie reicht eine

mit und .

nimmt mit zitternden

eine saftige aus der .

Als weiterfliegt, steckt sich

 erleichtert die  in den .

„Das war knapp", seufzt .

„Ach was!" lacht. „Komm mit,

ich will endlich sehen!"

 thront gelassen

auf einer großen mitten im .

Drei bewachen sie.

Heimlich fliegen und

auf den  hinaus.

 macht große .

ist wunderschön!

Ihr schimmert wie pures ,

und ihre  leuchten wie .

Um den  trägt sie eine

aus bunten .

Der  scheint so hell,

dass die glitzern und funkeln.

Doch was ist das?

Ein riesiger

taucht über dem  auf.

„Oh nein, eine !", ruft .

„Sie will die  klauen!"

Mit rauschenden

stürzt die  vom  herab.

Die 🐸 erschrecken so sehr,

dass sie ins 🌊 springen.

🧚 zückt ihren 🪄,

aber die 🐦 ist schneller.

Sie schnappt sich den

und wirft ihn in den  .

„Hau ab, du !", schimpft

und wedelt wild mit den .

Doch das stört die nicht.

Sie greift nach der

und reißt sie vom  .

„Hilfe, meine !", schreit .

„Komm sofort zurück, du !"

Die denkt gar nicht daran.

Sie fliegt mit der im

über den  davon.

„Wir müssen helfen!", ruft .

flitzt wie ein roter

über den  .

„Lass die  los!", ruft

und zieht die am .

Die krächzt ärgerlich

und schlägt mit ihren großen  .

 landet beinahe im  .

Da kommt angeflogen.

„Ich lenke die ab!", ruft er.

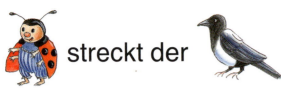 streckt der

die heraus

und macht ihr eine lange .

Die funkelt  wütend an.

 holt ihren heraus

und schwenkt ihn dreimal im .

 sprühen aus dem ,

und ruft: „ ,

du sollst nicht mehr stehlen

und auch keine quälen.

Statt einem , flink und gemein,

sollst du nun ein sein!"

 steigt auf, und ein zuckt auf.

Als sich der  verzieht,

ist die  verschwunden.

Stattdessen schwirrt ein

über dem .

„Es hat geklappt!", freut sich .

Das  blinkt wütend

und fliegt über den  davon.

Die ist auf einer gelandet.

 holt die und bringt sie

 zurück. lächelt und sagt:

„Ihr habt mich und meine

vor der gerettet.

Danke, liebe !"

 wird rot. Sie ist sehr stolz.

Aber dann runzelt die und fragt:

„Woher hast du denn den ?
haben doch nur !"

wird noch röter.

Ihr  schlägt wie verrückt.

Jetzt hat sie erwischt!

Leugnen ist zwecklos.

 nimmt ihre ab.

Langes blondes

fällt auf ihren herab.

„Nanu!", ruft .

„Du bist ja gar kein !"

 schüttelt den .

„Nein, ich bin eine kleine

und heiße ."

 schlägt die   nieder.

Ob sehr böse ist?

Was, wenn sie wirklich

ihren wegnimmt?

Dann kann nie mehr zaubern.

 beißt sich auf die .

 steigen ihr in die   .

 greift tröstend

nach ihrer . Aber lacht!

 macht ein verblüfftes .

„So eine freche !", kichert .

„Du wolltest nicht im bleiben,

wenn alle am  feiern,

stimmt's?", fragt .

„Genau." muss auch lachen.

 ist richtig nett!

„Bist du etwa auch eine ?",

fragt und sieht prüfend an.

 schüttelt den . „Nein,

ich bin ein echter ."

 steht auf. „Lasst uns zur  fliegen

und mit den anderen feiern!"

„Au ja!", ruft und flitzt los.

Die anderen staunen,

als sie mit  sehen.

„Na, so was! Das ist ja !",

ruft verwundert. zwinkert ihr zu.

„ darf heute ausnahmsweise auch

bei auf der tanzen",

verkündet .

„Weil sie meine gerettet hat."

„Hurra!", jubelt und lacht.

Ihren hält sie ganz fest.

Dann tanzen alle im ,

bis die aufgeht.

Und und tanzen mit.

Die Wörter zu den Bildern

Elfe Nelli   Bett

Elfen   Elfe Ida

Vollmond   Kleider

Wiese   Kleeblätter

See  Pünktchen

Prinzessin Rosenblatt   Mist

  Augen

Fuß  Fühler

Zauberstab		Haar	
Marienkäfer		Kappe	
Sterne		Spiegel	
Nachtfalter		Wald	
Eimer		Bäume	
Farbe		Wasser	
Flügel		Blütenblätter	
Pinsel		Tautropfen	
Punkte		Karussell	

Kopf	Seerose
Hand	Frösche
Kreis	Gold
Herz	Hals
Beere	Kette
Schale	Edelsteine
Obst	Mond
Nüsse	Schatten
Mund	Elster

Himmel

Ungeheuer

Arme

Räuber

Schnabel

Blitz

Schwanz

Zunge

Nase

Funken

Glühwürmchen

Rauch

Stirn

Rücken

Lippe

Tränen

Gesicht

Sonne

ISBN 978-3-401-0**8916**-4

ISBN 978-3-401-0**8742**-9

ISBN 978-3-401-0**8920**-1

Eine Auswahl lieferbarer Titel:

Ritter Robin und der Drachenschatz
Kleiner Indianer, großer Mut
Victor, der mutige Vampir
Paul und Lukas freuen sich auf die Schule
Der kleine Bär kommt in die Schule
Der kleine Bär lernt lesen
Wie spät ist es, Maxi Maus?
Ferdinand, der kleine Feuerwehrmann
Abenteuer mit Igel, Maus und Fuchs
Gruseldis, das kleine Gespenst
Der kleine Pirat und die geheimnisvolle Schatzinsel
Ein Schulanfang voller Überraschungen
Ein toller Schultag
Nur Mut, kleines Pony

Jeder Band:
56 Seiten. Gebunden. Ab 5 Jahren.
Mit Bücherbär am Lesebändchen.
www.arena-verlag.de